AF241477

GUERRE

AU

RADICALISME!

<hr>

PARIS

RENÉ HATON, LIBRAIRE-ÉDITEUR

33, rue Bonaparte, 33.

—

1879

GUERRE

AU

RADICALISME!

PARIS

RENÉ HATON, LIBRAIRE-ÉDITEUR

33, rue Bonaparte, 33.

—

1879

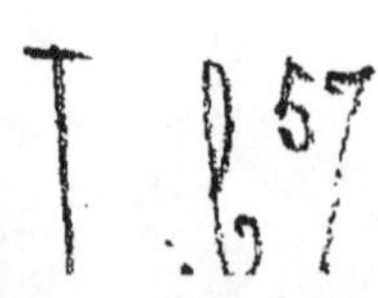

GUERRE

AU RADICALISME!

L'heure va sonner pour les catholiques, d'une épreuve pleine de tristesses et de difficultés.

Nos adversaires sont les maîtres absolus du pouvoir; tous les rouages de l'administration et la conduite entière des affaires du pays sont en leurs mains. Que vont-ils faire ? L'Europe et la France les attendent à l'œuvre avec une anxieuse impatience, parce que cette œuvre annoncée n'est pas autre que de changer les bases de la société.

Nous aussi, catholiques, nous les attendons à l'œuvre avec une extrême impatience. Nous savons que nous serons les premiers frappés parmi tous ceux qui doivent l'être pour laisser place aux tenants du pouvoir nouveau et des idées triomphantes. Malgré toutes les palinodies et tous les airs d'une modération affectée, nous ne pouvons pas oublier qu'on a dit: « Le cléricalisme c'est l'ennemi ! » Cette infâme dénonciation de l'Église aux passions populaires, nous la gardons au cœur. Si nous tentions de l'oublier, le fameux discours de Romans, les monstrueuses invalidations et tous les actes des Chambres de 1876 et de 1878, les discours des organes les plus accrédités de la majorité, le récent projet sur l'enseignement déposé par M. Ferry, tout enfin, jusqu'aux écrivains de cette presse qui trouvent dans la résurrection des vieilles diatribes contre les prêtres et les moines une source intarissable de profits et d'honneurs, viendrait nous le rappeler.

On dirait qu'il n'y a plus d'échos en France que pour le cri de guerre lancé par le radicalisme contre les catholiques.

La lutte, nous ne la craignons pas ; depuis quarante ans, les catholiques de France ont accoutumé de combattre, et toujours le combat a tourné à leur profit. C'est assez pour connaître le secret de notre force et la valeur de notre cause.

Nous ne demandons qu'une chose à ceux qui veulent nous combattre avec les armes du pouvoir : c'est de nous laisser tous les droits qui suffisent pour l'honneur et la dignité du combat.

I

Ce qu'on ôte à la religion est autant de perdu pour la liberté, et ce qu'on ôte à la liberté est autant de perdu pour la religion : car l'une et l'autre, invinciblement unies, ont les mêmes profits et les mêmes pertes.

Si on considère le panorama si varié de l'histoire, si on évoque les révolutions qui ont ensanglanté le monde, et fait chanceler sur leurs bases fragiles les édifices des sociétés humaines, avec le désir de pénétrer l'énigme de ces terribles bouleversements, l'axiome historique qui en ressort est celui-ci : c'est que l'homme est à la fois un être religieux et libre. Quand ces deux caractères se développent harmonieusement dans l'individu, l'individu lui-même et la société, qui n'est rien autre qu'une collection d'individus, atteignent leur plus haut degré de perfection. Quand ces deux caractères ne se développent pas d'une façon harmonique, une perturbation fébrile afflige les hommes, et, avec eux, la société est tourmentée d'un mal indéfinissable.

Les sociétés humaines reposent moins sur ces bases fragiles qu'on nomme les lois écrites, que sur les mœurs qui en sont les véritables assises, et c'est un fait historique que la religion seule fait les mœurs des individus et des peuples.

Pour les individus comme pour les sociétés, il n'y a que deux philosophies ici-bas : la philosophie de l'intérêt et du plaisir ou la philosophie du devoir et du sacrifice.

Entre ces deux philosophies point de milieu.

Si on prêche la première aux riches, elle les corrompt, et si on la prêche aux pauvres, elle les soulève.

Pour faire revivre la seconde, il n'y a jamais eu et il n'y aura jamais qu'un moyen, la religion.

Le problème social est le plus grave. Il est à notre époque d'une gravité suprême, car c'est à la façon dont les institutions politiques qui se succèdent l'entrevoient ou le résolvent, qu'on peut juger de leur stabilité et même de leur existence chez les peuples modernes.

Et c'est ainsi qu'à côté du problème social, et comme pour en rendre la solution plus délicate, vient se joindre le problème politique : problème d'un péril de tous les instants et gros de dangers extrêmes à l'heure que nous traversons.

En premier lieu le pouvoir, s'appuyant d'une main sur la loi, de l'autre sur la force, « qui l'empêchera de succomber à la plus formidable des tentations, l'ivresse de faire tout ce qu'on peut (1) ? »

Voilà l'absolutisme.

Mais bientôt le peuple, las d'obéir, de travailler et de souffrir, regarde au-dessus de lui ; il se prend à envier, puis il menace ; et quand il a senti que l'idole qui le foule aux pieds n'a d'autre appui que la force, il lui mesure la sienne et, après l'avoir renversée, il crache sur ses débris.

C'est l'anarchie.

« Quand le pouvoir est dans la rue, savez-vous où il va ? — Il va naturellement à la caserne, » dit M. le

____

(1) *Le Christianisme et les Temps présents,* par l'abbé Bougaud.

comte de Montalembert. Et c'est ainsi que se trouve enfermé, comme dans un cercle fatal de malheurs et de ruines, tout peuple qui n'a plus le respect de cette chose sainte : la Religion.

Entre le despotisme et l'anarchie, seule la Religion garde la liberté des peuples et l'honneur du pouvoir.

Dans un discours à jamais mémorable, le plus illustre orateur de l'Espagne moderne, Donoso Cortès, montre qu'il n'y a ici-bas que deux sortes de répressions possibles : l'une intérieure, l'autre extérieure : la répression religieuse et la répression politique. La loi en est telle que quand le thermomètre de la répression religieuse s'abaisse, le thermomètre de la répression politique monte, et réciproquement. C'est ainsi qu'à la fin du monde ancien il n'y avait plus que des tyrans et des esclaves, parce que le thermomètre religieux étant à zéro, le thermomètre politique avait dû monter jusqu'à la tyrannie. De même chez les peuples chrétiens : le thermomètre religieux baissant, ce sont les royautés qui, de féodales se font absolues. Puis arrivent les armées permanentes, c'est-à-dire un million de bras pour défendre la société. Et comme le thermomètre religieux continue à descendre, les gouvernements se disent : Nous avons un million de bras et cela ne nous suffit plus, il nous faut un million d'yeux pour surveiller la société ; et ils créent la police. Et ce n'est pas encore assez. Ils veulent avoir un million d'oreilles et ils créent la centralisation administrative, au moyen de laquelle les moindres mouvements d'un peuple viennent aboutir au gouvernement.

« Et maintenant, s'écrie le même orateur, de deux choses l'une : ou la réaction religieuse viendra, ou elle ne viendra pas. S'il y a réaction religieuse, vous verrez bientôt comment, à mesure que le thermomètre religieux montera, le thermomètre politique commencera à descendre naturellement, sans effort aucun, jusqu'à ce qu'il marque le jour tempéré de la liberté des peuples. Mais si, au contraire, et ceci est grave, si le thermomètre religieux continue à descendre, je ne sais où nous nous arrêterons. Je ne le sais et je tremble en y pensant. les voies sont préparées pour une tyrannie gigantesque. »

Nous avons vu une tyrannie semblable au lendemain des orgies et des crimes de 93.

Napoléon gouverna par une action puissante, mais aussi en supprimant toutes les intelligences et toutes les volontés qui ne se consacraient pas au service de sa personne. Si son pouvoir eût égalé son ambition, il aurait supprimé toutes les idées, et, pour supprimer la monarchie et la révolution, il aurait supprimé l'histoire. La France ne devait avoir qu'une tête, un entendement, une volonté, un bras, et il se regardait lui-même comme le bras, la volonté, l'entendement et la tête de la France. Tout ce qui n'allait pas s'absorber dans ce panthéisme impérial devait être supprimé : le monde ne voulut pas se laisser absorber et Napoléon fit la guerre à toutes les nations. Si son pouvoir eût été aussi immense que son ambition, il aurait conquis ou supprimé le monde.

Voilà le despotisme. Plaise à Dieu que nous n'en voyions plus de semblable !

II

« Le libéralisme moderne, plus connu sous le nom de radicalisme, lequel n'a rien de commun avec la liberté, m'est apparu comme un tyran. Nos adversaires nous gênent, qu'on les fasse disparaître ! Ils enseignent une doctrine différente de la nôtre, qu'ils n'aient plus le droit d'enseigner ! Ils ont besoin d'argent, qu'on supprime leur budget ! Supprimer tout ce qui les gêne, voilà leur système, voilà leur libéralisme (1). »

N'est-ce pas le cri jeté depuis deux ans et sans relâche par tous les coryphées du radicalisme? Jeté du haut de la tribune et porté par tous les vents de la presse, n'est-ce pas lui qui frappe tous les échos?

On a dit quelque part, que si la société ancienne avait eu pour fondement l'Évangile, la société contemporaine avait pour évangile le contrat social. Les fauteurs du radicalisme moderne n'ont rien ajouté aux théories de leur maître. Le malheur de notre temps est qu'ils aient assez de pouvoir pour en tenter l'application, et ce serait la ruine de la société qu'ils y parvinssent entièrement.

« L'État est le Dieu présent, le Dieu réel. L'État est la volonté divine rendue sensible, l'esprit divin qui se développe sous une forme réelle. Il a tout droit sur les

---

(1) *Où est l'ennemi?* par un ancien membre des Assemblées françaises.

particuliers, le peuple organisé en société est la puissance absolue sur la terre (1). »

Voilà le syllabus radical. Le dogme du radicalisme, car il en a un, c'est le dogme du Dieu–État. L'oracle de ce nouveau Dieu, c'est le suffrage universel.

A la souveraineté de Dieu le contrat social a substitué la souveraineté du peuple. Mais la seconde est plus absolue que la première. La doctrine chrétienne enseignait que Dieu gouvernait le monde avec un profond respect pour la liberté humaine, et la logique avait été reconnue jusqu'ici comme le premier ministre de la Providence.

Dans la doctrine démocratique, l'individu n'est plus rien, l'État est tout, et sous son influence bienfaisante nous verrons se réaliser le rêve de M. de Tocqueville pour les peuples modernes : « transformés en troupeaux d'animaux timides et industrieux, dont le gouvernement sera le berger. »

En effet, « les clauses du contrat social se réduisent toutes à une seule, savoir l'aliénation totale de chaque associé avec tous ses droits à la communauté. Chacun se donne tout entier tel qu'il est, avec tout ce qu'il a (2) ». Nulle exception, ni réserve.

Si je suis propriétaire, c'est par une concession de l'État qui me fait le « dépositaire » de la partie de son bien que je possède. Voilà la propriété sous la doctrine nouvelle. « L'État, à l'égard de ses membres, est maître

(1) Hegel.
(2) *Contrat social.*

de tous leurs biens. « Les possesseurs sont considérés comme dépositaires du bien public (1). » — « Par nature, le droit de propriété ne s'étend pas au delà de la vie du propriétaire ; à l'instant qu'un homme est mort, son bien ne lui appartient plus. Ainsi, lui prescrire les conditions sous lesquelles il peut disposer, c'est moins altérer son droit que l'étendre (2). » Enfin : « Le souverain peut légitimement s'emparer des biens de tous, comme cela se fit à Sparte au temps de Lycurgue (3). »

Ce n'est pas tout. Pas plus que je n'ai de droit en tant que propriétaire, je n'en saurais avoir comme père de famille. « Comme on ne laisse pas la raison de chaque homme unique arbitre de ses devoirs, on doit d'autant moins abandonner aux lumières et aux préjugés des pères l'éducation des enfants, qu'elle importe à l'État encore plus qu'aux pères (4). » — « L'éducation publique, dans des règles prescrites par le gouvernement et sous des magistrats établis par le souverain, est une des maximes fondamentales du gouvernement populaire (5). » C'est là le cri répété par le chef de l'opportunisme répondant aux catholiques qui demandaient la liberté de l'enseignement : « Le monopole de l'État c'est le salut. »

« Les bonnes institutions sociales sont celles qui savent le mieux dénaturer l'homme, écrit encore Rousseau, lui ôter son existence absolue pour lui en donner une

---

(1) *Contrat social.*
(2) Rousseau, *Discours sur l'Economie politique.*
(3) *Emile* livre v.
(4) Rousseau, *Discours sur l'Economie politique.*
(5) Rousseau, *Sur le gouvernement de Pologne.*

relative, et transporter le moi dans l'unité commune, en sorte que chaque particulier ne se croie plus un, mais partie de l'unité et ne soit plus sensible que dans le tout. Un enfant, en ouvrant les yeux, doit voir la patrie et, jusqu'à la mort, ne doit voir qu'elle. On doit l'exercer à ne jamais regarder son individu que dans ses relations avec le corps de l'État (1). »

Je m'étonne qu'une pareille doctrine trouve « qu'une société de chrétiens ne serait plus une société d'hommes, mais une société d'esclaves, et que la loi chrétienne ne prêche que servitude et dépendance. » — « Il y a une religion civile, une profession de foi dont il appartient aux souverains de fixer les articles, non pas précisément comme dogmes de religion, mais comme sentiments de sociabilité, sans lesquels il est impossible d'être bon citoyen. » « Sans pouvoir obliger personne à les croire, il faut bannir de l'État quiconque n'y croit pas ; il faut le bannir, non comme impie, mais comme insociable. » Le même législateur a écrit, quelques pages plus haut, que le catholicisme est l'ennemi public, parce qu'il damne les sectes dissidentes. « Quiconque ose dire : hors de l'Église point de salut, doit être banni de l'État. » Mais ici il ne s'agit plus de croire à l'enseignement du Dieu de vérité. Pour le Dieu-État l'intolérance est permise et hors de sa foi pas de droit possible !

Telle est la doctrine de ce contrat imaginaire qui a créé le Dieu-État. « C'est une doctrine à la fois anarchique

______

(1) *Émile*, livre Ier.

et despotique, qui déchaîne l'insurrection et justifie la dictature (1). »

Telle est, nous le répétons, la doctrine du radicalisme. Qu'on relise le rapport de M. Guichard à la Chambre des députés de 1877, et le rapport récent de M. Jules Ferry. C'est elle qui les a inspirés.

------

(1) *Des origines de la France contemporaine*, Taine.

III

Le pouvoir absolu d'un seul, pas plus que le despotisme des masses, n'ont jamais fait un peuple grand. Ils n'ont jamais relevé une nation brisée par le malheur.

Qu'on interroge les siècles passés, depuis Alexandre jusqu'à Louis XIV et Napoléon I⁰ʳ. Si le nom de ces hommes de génie est devenu celui de leur siècle, c'est à la façon d'une brillante épitaphe sur un mausolée. Ce ne sont pas eux qui ont fait les grands siècles, ils les ont clos. Ils sont venus après que le travail et la liberté avaient fait éclater toutes les gloires qui leur ont servi de brillant piédestal. Ils y sont montés, et leur génie, réflétant tout le génie des siècles précédents, a ébloui le monde. Il n'a rien fécondé, et quand ils sont tombés, le passé seul s'est couché avec eux dans leurs vastes cercueils. Rien n'en est sorti pour féconder l'avenir. Alexandre meurt et son empire s'émiette. Après Louis XIV, l'astre monarchique va s'obscurcissant jusqu'à sa chute, et Waterloo voit crouler l'œuvre entière du génie impérial.

Un peuple de valets ne peut être ni grand ni fort. « Le despotisme qui peut servir à de grandes choses, ne suffit à aucune (1). »

« Dans l'Europe moderne, a écrit le noble comte de Montalembert, le pouvoir absolu ne peut être qu'une do-

______

(1) *Le parti catholique,* par M. le comte de Falloux.

mination militaire ou bureaucratique comme en Russie. Hors des moments de crise, l'esprit militaire sera toujours éclipsé par la bureaucratie. »

Si tel était le malheur des temps que le pouvoir absolu d'un seul fût nécessaire à mon pays, je préfèrerais m'incliner devant l'épée d'un général, que me mettre aux genoux d'un pédant bureaucrate. Mais j'aime la liberté plus que tout au monde, et je ne sépare pas sa cause de celle de mon pays !

Je ne me sens aucun goût pour le joug, quelque brillant que soit le génie qui me l'imposerait. Mais je ne l'aime ni d'en haut ni d'en bas. « Je ne crois pas au progrès humanitaire, à la raison universelle, à l'infaillibilité des peuples, à tous ces grands mots par lesquels on nous a éblouis, amoindris, à ces vastes aplatissements sous la passion ou la panique du moment (1). » Toute ma foi est celle du grand catholique. « Je crois au droit et à la valeur de l'homme, de l'homme indépendant, de l'honnête homme. Je suis du système où cet honnête homme peut être compté et se compter pour quelque chose ; où il peut, à ses risques et périls, tenir tête au mensonge et au mal, au pouvoir comme aux factions ; où tous ne sont point condamnés pour arriver, pour briller, pour être, à toujours courtiser le pouvoir ou l'émeute, à toujours se courber devant quelqu'un, devant un homme ou une foule, à passer sans cesse du club à l'antichambre (2). »

(1) *Des intérêts catholiques au XIXe siècle*, par M. le comte de Montalembert.
(2) *Des intérêts catholiques au XIXe siècle*, par M. le comte de Montalembert.

Telle est ma foi, c'est pourquoi je suis contre le radicalisme.

« Le parti radical soupire après un régime de police qui enfermera tous les faux dieux dans un cercle de fer. Ce qui était un crime de la part de l'ancien régime, devient un acte louable de la part du disciple du Dieu-État. Lois restrictives, persécutions morales, persécutions physiques au besoin, tout est bien quand il s'agit de débarrasser la France des fausses divinités (1). »

---

(1) *Où est l'ennemi?* par un ancien membre des Assemblées françaises.

IV

« Les catholiques servent de cible au jeune radicalisme. Ils sont visés comme des animaux malfaisants : pour eux, ni droit, ni liberté. Au presbytère, à l'école, aux monastères, devant l'urne électorale, jusque dans la rue, partout on les traque (1). »

Voltaire a dit : « Écrasons l'infâme. » A un siècle de distance, le radicalisme s'écrie « écrasons le cléricalisme. » Mais prenez garde que l'œuvre entreprise est la même, c'est : « la déchristianisation de la société. »

La France assiste à une campagne en règle dirigée par l'école radicale contre l'idée chrétienne.

Le Christ chassé de l'école, et sa morale bannie de nos lois, ses ennemis éprouveront-ils le besoin de le chasser de ses temples et de bannir ses fidèles ?

Sommes-nous appelés à revoir ces tristes jours qui furent les derniers du XVIIIe siècle, où la société « renouvelée » se débarrassait des tenants des doctrines anciennes par l'échafaud et les septembrisades ? Reverrons-nous les jours non moins tristes des massacres de la commune de Paris ?

L'auteur déjà cité d'un ouvrage qui a fait quelque bruit, ne le croit pas : « C'est, dit-il, la Révolution modérée qui triomphe actuellement. » Et il ajoute que

____

(1) *Où est l'ennemi ?* par un ancien membre des Assemblées françaises.

cette révolution modérée n'est pas la persécution telle que le parti radical la souhaite contre les prêtres et les œuvres catholiques. Cette révolution, c'est la société moderne telle qu'elle est sortie des États généraux de 1789, c'est le code civil, c'est la liberté des cultes, c'est la liberté de la presse, « elle est avant tout dirigée contre l'ingérence du pouvoir ecclésiastique dans les choses de ce monde (1). »

Je cherche à toutes les pages de notre histoire contemporaine un fait de cette ingérence et nulle part je ne le trouve. J'ai parcouru les annales de la Révolution, et j'y ai vu le clergé fournissant des milliers de martyrs aux assassins de 93. J'ai vu le clergé traité en serviteur par Napoléon. Malgré toutes les fables des romanciers et des journalistes, je n'ai pas vu que les jésuites et la Congrégation aient beaucoup agi sur les affaires publiques pendant la Restauration. Sous le gouvernement de juillet j'ai vu l'Église, par la voix de ses prêtres et de ses plus éloquents défenseurs, ne demander rien autre qu'une liberté égale à celle accordée à tous. Jamais la tribune ni la presse ne diront de plus nobles paroles que celles qui furent prononcées alors par les catholiques du monde entier. Qu'il me suffise de nommer O'Connel en Irlande et Montalembert en France. Ils furent les plus brillants; ils ne furent pas les seuls. Quand je parcours l'histoire de l'Église depuis un siècle, je ne la vois jamais intervenir que pour offrir les premières victimes aux coups des révolutions, ou réclamer le

____

(1) *Où est l'ennemi ?*

droit commun pour elle et la liberté pour la conscience humaine ! Pie VII sacrifie tous les biens du clergé de France aux nécessités d'une situation douloureuse et pour une pacification nécessaire. Plus tard, dans un jour de terrible danger, un archevêque de Paris monte sur les barricades « pour que son sang soit le seul à couler ». Et vingt ans après, un autre archevêque de Paris est fusillé à la Roquette.

Voilà comment intervient l'Église dans les affaires publiques. Que si on remonte plus haut dans l'histoire, nulle part on ne verra que l'ingérence du pouvoir ecclésiastique, qui a présidé au développement de toutes les sociétés humaines, leur ait été bien fatale. On verra toujours cette influence faiblir ou disparaître au déclin des peuples et à la veille de leur mort.

Mais peu nous importe ici, cette donnée de l'histoire. L'Église n'élève à l'heure présente aucune prétention à la puissance publique, et ce n'est pas contre son ingérence dans les affaires de ce monde qu'est dirigée la lutte qu'on nous fait.

L'Église naquit dans les catacombes. Un jour vint où elle en sortit assez forte pour subir les persécutions. « Les Romains avaient su mourir, et ce grand art les avait conduits à moitié chemin de la conquête du monde, a écrit Ozanam. Les chrétiens seuls surent mourir sans vengeance, et cet art plus grand encore leur livra le monde entier. »

C'était l'heure où le monde ancien croulait sous les coups des Barbares. « Pendant douze cents ans et davantage, l'Église travaille à la construction de la société moderne ; le clergé y travaille comme un architecte et comme manœuvre, d'abord seul, puis presque seul (1). » Ce travail immense s'achevait, quand une révolution, détournée de son but, s'en vint comme un torrent qui a brisé ses digues submerger tout ce qui avait été fait, et menacer les ouvriers qui s'efforçaient d'en arrêter les ravages.

L'Église a maudit 1793, et la Commune, elle, n'a jamais maudit cette époque « où les esprits sages et clairvoyants de la vieille société se sont rencontrés et unis avec les esprits honnêtes et intelligents de la société nouvelle (2). »

Les catholiques estiment autant que d'autres les avantages de la civilisation moderne. « On peut être de son temps, aimer son pays, le servir loyalement, et être bon catholique : on peut être bon catholique sans devenir un idiot (3). »

L'Église est de tous les temps. Elle a derrière elle vingt siècles de gloire, et c'est elle qui a fait l'Europe moderne. Elle peut sans crainte s'avancer au devant des siècles à venir. Notre passé, nous n'en renion pas les gloires. Nous ne contestons pas davantage les iniquités qui ont déparé le moyen âge. « Nous savons surtout que si l'on peut parodier tout ce qui se rencontre dans l'histoire, l'on ne peut rien recommencer (4). » Or, nous n'avons nul goût pour une parodie, et nous n'avons pas besoin de recommencer.

« L'Église de France autrefois était tout ensemble

(1) *Origines de la France contemporaine*, par Taine.
(2) *Le Parti catholique*, par M. de Falloux.
(3) *Où est l'ennemi ?*
(4) *Les intérêts catholiques au XIXᵉ siècles*, par Montalembert

un grand corps propriétaire et un grand corps politique, son influence temporelle. marchait de pair avec son influence spirituelle; unie a tous les intérêts de l'État, elle pouvait aider ou entraver chacun de ses mouvements. On n'occupe jamais un tel rang sans le payer par des servitudes. Tant que l'Église de France jouit des splendeurs de la prospérité, elle en subit les charges: la principale et la plus naturelle fut la méfiance de l'État. Les conflits renaissant de siècle en siècle au point de jonction entre les questions temporelles et les questions spirituelles, les ombrages de l'État se tournèrent en habitude et en une sorte de jurisprudence dont les hommes de loi devinrent les gardiens. Cette jurisprudence s'appela le gallicanisme (1). »

Le gallicanisme, c'était l'asservissement de l'Église à l'État, et c'est ce régime despotique que le radicalisme rêve pour nous. Nous le connaissons ce régime, et nous n'en voulons à aucun prix.

« Vous avez fait la révolution de 1789 sans nous et contre nous, mais pour nous: Dieu le voulant ainsi malgré vous(2). »

La révolution de 1789 a aboli nos privilèges sociaux. Elle croyait par là détruire l'Église. Mais il est arrivé que la liberté politique qu'elle avait inscrite à la base de la société nouvelle a servi de point de départ à une résurrection plus brillante que jamais du catholicisme.

L'Église a donné à nos jours le spectacle renouvelé de la résurrection du Christ. Aux premiers-nés de ce

(1) *Le Parti catholique*, par M. de Falloux.
(2) *Pacification religieuse*, par Mgr Dupanloup.

XIXe siècle, elle put paraître un instant n'être plus qu'un cadavre. C'était l'heure où les habiles du siècle et les philosophes pouvaient s'en tenir à nous accorder la tolérance du mépris. Cette heure est passée, et, au souffle de la liberté, l'Église a repris le premier rang parmi les institutions du monde moderne. Elle est la première dans les préoccupations et les espérances de tous.

« A mesure, en effet, que le XIXe siècle poursuivait son cours, pendant que la société apprenait par d'effroyables et périodiques catastrophes que Dieu est nécessaire à la vie des peuples comme à celle des âmes, la Religion sortait peu à peu de l'ombre où le XVIIIe siècle semblait l'avoir ensevelie. Les nuages qui couvraient son front se retiraient lentement et laissaient apercevoir son immortelle jeunesse. Les préjugés, qui avaient jusquelà caché sa beauté à une foule d'âmes, se dissipaient ; et des découvertes de la science moderne, des besoins de l'industrie renouvelée et agrandie, des sourdes et orageuses oscillations de la société, montaient dans les esprits des étonnements salutaires. A chaque pas que faisait le siècle, à chaque crise qu'il subissait, la Religion apparaissait plus grande. Pas une des objections du XIXe siècle n'a fait une trouée dans son symbole, comme pas une des découvertes de la science moderne n'a mis une ombre sur son front. Pour suivre les progrès de cette nouvelle venue si hardie et si heureuse, la science, il a fallu tout refaire dans la société moderne : l'histoire, l'enseignement, l'administration, l'armée, tout, excepté la Religion. » Ses ennemis eux-mêmes n'ont pu s'empêcher de jeter un cri de surprise : « Quelle est donc celle-là, se sont-ils dit, qui traverse de tels événements sans pâlir? Et comment, et par qui sera-t-elle jamais ébranlée, celle qui à chaque pas que fait le siècle apparaît visiblement plus grande? » — « L'Église catholique a vu, dit l'illustre protestant Maccaulay, le commencement de tous les gouvernements et de tous les établissements qui existent aujourd'hui, et nous n'oserions pas dire qu'elle n'est pas destinée à en voir la fin. Elle était grande et respectée avant que les Saxons eussent mis le pied sur le sol de la Grande-Bretagne, avant que les Francs eussent passé le Rhin, quand l'éloquence grecque était florissante encore à Antioche, quand les idoles étaient adorées dans le temple de la Mecque. Elle peut donc être grande encore et respectée, alors que quelque voyageur de la Nouvelle-Zélande s'arrêtera, au milieu d'une vaste solitude, contre une arche brisée du pont de Londres, pour dessiner les ruines de Saint-Paul! »

Le célèbre publiciste se demande, en effet, comment l'Église catholique pourrait périr. « On répète, dit-il, que le progrès des lumières doit être défavorable au Catholicisme : nous voudrions pouvoir le croire ; mais nous en doutons beaucoup, lorsque nous voyons que les pas immenses que l'esprit humain a fait faire jusqu'ici aux sciences naturelles, que le perfectionnement où sont parvenus l'art du gouvernement, la politique et la législation, ne lui ont pas été contraires. Bien plus, nous pensons que, s'il y a quelque changement, il a été favorable au Catholicisme (1). »

_____

(1) *Revue d'Édimbourg*, année 1830.

La philosophie, le protestantisme, le libéralisme moderne, après avoir disséqué la pensée humaine et tenté de dissoudre la Religion et l'organisation politique de l'Europe, sont déjà tombés.

Cela n'a pas tardé un siècle. Mais, à côté, un siècle ne s'est pas non plus écoulé que l'Église, après avoir été brisée de coups sans pareils, s'est relevée avec une puissance sans égale !

Qui est-ce qui a fait cela, sinon la lutte rendue possible par la liberté politique et l'organisation même de la société moderne, qu'on avait faite contre nous ?

« Oui, partout la lutte a profité à l'Église : partout, depuis la tribune de Westminster, du Palais-Bourbon et du Luxembourg, jusqu'à la prison des archevêques d'Allemagne, et la lutte n'est possible qu'avec la liberté. Oui, la liberté politique a été la sauvegarde et l'instrument de la régénération catholique en Europe ; partout cette régénération a été d'autant plus complète et plus facile que la liberté a été plus sincère et plus sérieuse. Et j'ajoute que cette régénération n'a eu lieu nulle part que là où elle a été précédée ou provoquée par la liberté politique, sous une forme plus ou moins imparfaite. Il n'y a qu'un seul pays en Europe où la religion catholique soit complètement enchaînée, c'est la Russie ; c'est aussi le seul pays où la liberté n'a jamais existé. »

Je remarque en outre que tous les hommes qui ont exercé une influence durable et profonde sur l'opinion catholique, ont tous, tôt ou tard, aimé et servi la liberté. Je citais tout à l'heure O'Connell, dont le nom seul suffit ;

(1) *Les intérêts catholiques au XIXe siècle.*

je citerai encore Balmès , qui, dans son écrit sur Pie IX, a si éloquemment proclamé l'union de la religion et de la liberté.

Parce que la liberté politique et le jeu des institutions modernes amènent à certaine heure le triomphe du mal sur le bien, et nous rend la lutte nécessaire à tout instant, nous ne rêvons pas leur anéantissement. C'est le cas pour nous de rappeler ici les paroles de l'illustre évêque de Moulins : « J'aime trop la liberté quand elle me sert pour ne pas la supporter quand elle me gêne. »

La société moderne a pris pour devise ces trois mots : Liberté, Égalité, Fraternité !

Qui, plus que l'Église, dans ce siècle, a réalisé cette glorieuse devise ?

Nos œuvres de charité couvrent tous les recoins du territoire et il en existe pour toutes les misères de l'âme et du corps ! Dans quels rangs l'Église a-t-elle choisi plusieurs de ses plus éminents pasteurs, sinon dans les rangs du peuple ?

Qu'est-ce enfin qu'elle demande avant tout, sinon l'application de ce principe suprême de la société moderne, la liberté de conscience ?

Après cela on a osé dire que l'Église rêvait la destruction de cette société : c'est un mensonge et une calomnie !

« Est-il vrai que la civilisation ne peut porter ses fruits dans une société au milieu de laquelle l'Église catholique fait entendre sa voix de mère et de maîtresse ? »

« Voilà, disait il y a quelques jours à peine l'illustre Léon XIII, la question que nous disons grande et capitale ; attendu que si elle était résolue au détriment de l'Église il n'y aurait plus moyen d'arrêter l'apostasie des enfants, lesquels ne pourraient que prendre en mépris une institution qui les forcerait à rester barbares et sauvages. »

Grâces à Dieu, les catholiques n'ont pas à craindre d'avoir à renier leur foi pour aimer la société moderne, ou de rester barbares et sauvages pour lui être fidèles !

V

La lutte est engagée entre deux sociétés ; l'une a écrit sur son drapeau le nom de Dieu, et l'autre a écrit sur le sien : Haine à Dieu ! Mais tandis que l'une est sans aucune des forces humaines pour se défendre, l'autre a toutes les audaces du mal, ne craint rien pour renverser son adversaire, et c'est pourquoi elle veut étouffer la liberté.

Tel est le sens vrai du fameux cri de guerre : « Le cléricalisme c'est l'ennemi. »

Nous ne craignons pas un triomphe de longue durée pour le radicalisme, nous ne le craignons pas plus que nous ne craignons la ruine du cléricalisme, mais aussi bien nous ne nous dissimulons pas que le premier est au pouvoir et que, confiée aux mains de ses chefs, la liberté des consciences catholiques est gravement menacée.

« Il paraît accepté par tout le monde, dit M. Léopold de Gaillard, que nous avons deux républiques dans la république où nous sommes : la république modérée et l'autre. »

Si l'on est curieux de savoir à laquelle des deux appartient la prédominance, l'épreuve est bien simple. Il suffit de chercher laquelle des deux a fait passer le plus grand nombre d'articles de son programme dans les actes du gouvernement.

Est-ce le centre ou l'extrême gauche qui a voulu le

long scandale des invalidations et qui a classé ainsi la Chambre actuelle au premier rang des assemblées révolutionnaires qui se sont décimées elles-mêmes ?

Est-ce le centre ou l'extrême gauche qui a voulu cette odieuse persécution contre l'enseignement religieux, déchaînée aujourd'hui depuis Paris jusque dans les moindres villages, et dont les provocateurs officiels sont partout les conseillers municipaux et les préfets ?

Est-ce le centre ou l'extrême gauche qui a voulu la mise en disponibilité de généraux jeunes, actifs, amis du soldat, et que la patrie et l'armée rappelleront au jour du danger ?

Est-ce le centre ou l'extrême gauche qui a voulu la révocation de tant d'officiers du Parquet qui ne se sont distingués que par leur zèle pour la justice et s'éloignent honorés des regrets publics de la magistrature ?

Est-ce le centre ou l'extrême gauche qui a voulu pour les criminels de la commune, non la grâce mais l'amnistie ?

Nous pourrions pousser jusqu'à l'infini cette triste nomenclature. Il n'y a pas de borne en effet à l'audace des violents, non plus qu'à la complaisance des modérés.

Voilà la situation, le gouvernement est a gauche, tout à gauche, très à gauche. L'opportunisme est dépassé. Le groupe d'extrême gauche, commandé par M. Floquet et M. Clémenceau, s'est rendu maître de la Chambre des députés, et celle-ci mène le gouvernement.

Le radicalisme coule à pleins bords !

N'oublions pas non plus que la Commune de Paris est justifiée.

« Comment ne croiraient-ils pas le jour de la revanche enfin venu, ces condamnés qui, partis de Nouméa comme graciés, vont rentrer à Paris amnistiés ? Ils y trouveront, relevés et triomphants par le suffrage universel, les amis qu'ils avaient laissés sous la terreur des conseils de guerre ; ils y trouveront, affaiblie et diffamée par leurs journaux, la police, l'éternelle ennemie, contre laquelle on s'était permis de si joyeuses parties de chasse en 1871 ; ils y trouveront, comme au bon temps, la presse révolutionnaire, infectant et souillant tout passant, comme le boyau d'une pompe à vidange lâchée à travers la rue ; ils y trouveront, de plus que sous la Commune, les Chambres et le gouvernement qu'on va ramener à Paris, en même temps que les bataillons de l'émeute. Quoi de plus ? Il manque sans doute à ce tableau les Prussiens à Saint-Denis et l'Archevêque à la Roquette, mais on ne peut pas tout avoir du premier coup. »

Ce sera pour demain, et alors le radicalisme aura débordé......!

Le radicalisme a tout un plan de bataille ; ce plan n'est lui-même que la conséquence du dogme qu'il préconise.

Ce dogme, c'est le dogme du Dieu-État. L'État est tout, l'individu, la famille ne sont rien, la propriété disparaît, la morale n'existe pas.

Supprimer, supprimer tout ce qui le gêne, voilà son moyen !

Son dogme est incompatible avec la liberté humaine. Son plan de bataille a pour but de détruire les libertés mêmes dont la Révolution a doté la France.

La liberté radicale, c'est le monopole pour l'État ;

l'égalité radicale, c'est la persécution pour les victimes de l'incendie, et la réhabilitation des incendiaires ; sa fraternité, ce sont les massacres de la Roquette ! ! !

Le radicalisme, c'est la ruine assurée du Pays.

Ce pays c'est l'Église qui l'a fait par vingt siècles de travaux et de sacrifices.

La liberté, l'Église la proclamée aux premiers jours de son apparition ! C'est en apprenant aux hommes qu'ils ne relevaient de leurs actes qu'au for de leurs consciences et devant Dieu, qu'elle a vaincu les tyrans et les peuples.

L'égalité, c'est la base même de sa constitution.

La fraternité, c'est le but de sa mission et le mot de son histoire.

Le radicalisme est cette doctrine politique dont on peut dire ce que Sgnarelle disait de son bâton, dont on peut à la fois frapper le gendarme et le coupable. C'est la doctrine de tous les despotismes et de toutes les licences, et toujours il les a produites.

L'Église ne demande aucun privilège, sinon de pouvoir, en toute liberté, rendre à l'État ce qui est à l'État et à Dieu ce qui est à Dieu.

L'Église réclame la liberté des consciences !

Le radicalisme a déclaré la guerre ; il a dit : « Le cléricalisme c'est l'ennemi. » L'Église ne répondra pas ; mais elle luttera, et pour elle la lutte c'est toujours le triomphe.

Depuis dix-huit siècles les ennemis de l'Église ont chanté vingt fois son chant de mort. Ils sont passés, et l'Église est debout.

L'Église a sauvé le monde des invasions barbares. Elle se tient debout au seuil du monde nouveau, et le sauvera du radicalisme.

Hommes de cœur de toutes les nations et de tous les pays, serrons-nous autour de l'Église ! Prenons pour devise « Dieu et la liberté, » et puis luttons sans crainte. Quelles que puissent être les difficultés de la lutte, jamais en arrière, toujours en avant. Souvenons-nous que c'est à l'heure où tout semble perdu que tout va être sauvé. La Providence aime ses coups par lesquels elle apprend aux hommes sa toute-puissance et leur extrême faiblesse. Mais souvenons-nous aussi que rien n'est perdu dans la suite des générations humaines. Une loi d'inéluctable solidarité pour le bien comme pour le mal lie tous les siècles entre eux. Chaque génération peut se rendre ce témoignage qu'elle plie sous le poids du jour et de la chaleur, accablée du fardeau des générations suivantes.

Paris. — Imp. Soussens et Cie, 51, rue de Lille.